BEI GRIN MACHT SICH IHR WISSEN BEZAHLT

AF151953

- Wir veröffentlichen Ihre Hausarbeit,
  Bachelor- und Masterarbeit

- Ihr eigenes eBook und Buch -
  weltweit in allen wichtigen Shops

- Verdienen Sie an jedem Verkauf

Jetzt bei www.GRIN.com hochladen und kostenlos publizieren

Tina Weingardt

Der Einfluss kommunaler Gewalt auf die Politik in Indien

GRIN Verlag

Bibliografische Information der Deutschen Nationalbibliothek:

Die Deutsche Bibliothek verzeichnet diese Publikation in der Deutschen National-
bibliografie; detaillierte bibliografische Daten sind im Internet über http://dnb.d-
nb.de/ abrufbar.

Dieses Werk sowie alle darin enthaltenen einzelnen Beiträge und Abbildungen
sind urheberrechtlich geschützt. Jede Verwertung, die nicht ausdrücklich vom
Urheberrechtsschutz zugelassen ist, bedarf der vorherigen Zustimmung des Verla-
ges. Das gilt insbesondere für Vervielfältigungen, Bearbeitungen, Übersetzungen,
Mikroverfilmungen, Auswertungen durch Datenbanken und für die Einspeicherung
und Verarbeitung in elektronische Systeme. Alle Rechte, auch die des auszugsweisen
Nachdrucks, der fotomechanischen Wiedergabe (einschließlich Mikrokopie) sowie
der Auswertung durch Datenbanken oder ähnliche Einrichtungen, vorbehalten.

Impressum:

Copyright © 2009 GRIN Verlag, Open Publishing GmbH
Druck und Bindung: Books on Demand GmbH, Norderstedt Germany
ISBN: 978-3-640-80253-1

Dieses Buch bei GRIN:

http://www.grin.com/de/e-book/164996/der-einfluss-kommunaler-gewalt-auf-die-
politik-in-indien

GRIN - Your knowledge has value

Der GRIN Verlag publiziert seit 1998 wissenschaftliche Arbeiten von Studenten, Hochschullehrern und anderen Akademikern als eBook und gedrucktes Buch. Die Verlagswebsite www.grin.com ist die ideale Plattform zur Veröffentlichung von Hausarbeiten, Abschlussarbeiten, wissenschaftlichen Aufsätzen, Dissertationen und Fachbüchern.

Besuchen Sie uns im Internet:

http://www.grin.com/

http://www.facebook.com/grincom

http://www.twitter.com/grin_com

Der Einfluss kommunaler Gewalt auf die Politik in Indien

Gliederung

Einleitung   2

Hindunationalismus und kommunale Gewalt in Indien   2

Gründe für kommunale Gewalt und Einfluss auf die Politik   4

Einfluss der Religion auf Politik   6

Resümee   8

Quellen   9

Einleitung

Indien ist ein säkularer Vielvölkerstaat in dem Religionsfreiheit garantiert wird. Die Religionen verteilen sich wie folgt: 80,5 % Hindus, 13,4 % Moslems (hauptsächlich Sunniten), 2,3 % Christen, 1,9 % Sikhs, 0,8 % Buddhisten, 0,4 % Jainas und 0,6 % andere.[1] Indien hat damit nach Indonesien die zweitgrößte Moslembevölkerung der Welt. [2] Diese Zusammensetzung liefert den Zündstoff für zahlreiche Auseinandersetzungen, insbesondere auf kommunaler Ebene, und führt bis heute zu einer Vielzahl von Ausschreitungen und einem verhältnismäßig hohem Grad an kommunaler Gewalt. Diese Tatsachen beeinflussen die Politik der größten Demokratie der Welt maßgeblich.

Im Folgenden soll geklärt werden was genau kommunale Gewalt ist, wie sie entsteht und warum sie so oft nicht verhindert wird. Des Weiteren wird der Einfluss der Hindunationalisten auf kommunalistische Ausschreitungen betrachtet sowie der wechselseitigen Einfluss zwischen Politik und Kommunalismus.

Hindunationalismus und kommunale Gewalt in Indien

Bis zum 7. Jahrhundert waren der Buddhismus und der Hinduismus die maßgeblichen religiösen Geistesströmungen in Indien. Im 8. Jahrhundert wurde durch die arabischen Eroberungszüge der Islam nach Nordindien gebracht. Eine Dominanz muslimischer Staaten entwickelte sich jedoch erst im 12. Jahrhundert. Von 1765 an wurden weite Teile Indiens von der britischen Ostindien-Kompanie unterworfen. 1947 führte der gewaltfreie Widerstand gegen die britische Kolonialherrschaft zur Unabhängigkeit. Im Zuge dieses Prozesses wurde das ehemalige Gebiet Britisch-Indien in die indische Union und die muslimische Republik Pakistan geteilt. Dennoch bildet Indien auch heute noch wie oben bereits erwähnt einen Vielvölkerstaat, indem besonders die Auseinandersetzungen zwischen Hindus und Moslems problematisch sind. (Auch auf Christen und andere Minderheiten werden Anschläge verübt, im folgenden Text soll jedoch aufgrund der deutlich geringeren Zahl nur auf die Auseinandersetzungen zwischen Hindus und Moslems eingegangen werden). Aus dieser Tatsache resultiert eine Vielzahl an Problemen die das tägliche Leben der Inder

---

[1] Census of India 2001, http://www.censusindia.gov.in/
[2] http://www.ems-online.org/440.html

maßgeblich bestimmen. In Indien dominiert der so genannte Hindunationalismus in der Politik und im Denken vieler Inder. "Hinter dem Begriff Hindunationalismus steht ein weit komplexeres Phänomen, als es die beiden Worte vermuten lassen, aus denen er zusammengesetzt ist. Im Wesentlichen beschreibt "Nationalismus" eine Bewegung, die sich den Werten und Symbolen eines Landes, einer Nation verpflichtet fühlt. Wie andere Nationalismen – etwa der irische oder kurdische – definiert sich auch Hindunationalismus entlang gesellschaftlicher, kultureller, sprachlicher und religiöser Linien. Zusammengefasst sind diese in der *Hindutva*-Ideologie, in der ganz konkrete Vorstellungen von einem zukünftigen Indien als "Reich der Hindus" (*Hindu Rashtra*) formuliert werden." [3] Der Hindunationalismus wird durch die rechtskonservative Partei BJP und der eng mit ihr verbundenen Sangh Parivar, dem Zusammenschluss zahlreicher Organisationen w.z.B. RSS und VHP vertreten.

Der politische Erfolg des Hindunationalismus entstand jedoch nicht aus den Defiziten der Demokratie, sondern ist das Produkt besonders intensiv geführter Wahlen und eben so intensiv geführter Kämpfe um religiöse Sitten, Rituale und Räume; um gemeinsam geteilte Symbole aus der indischen Kulturgeschichte; um Säkularismus und so weiter. [4]

Ein Problem das aus der multiethnischen Zusammensetzung Indiens entsteht ist der Kommunalismus. Darunter „[...] wird in Indien die unter religiösem Vorzeichen stattfindende Gemeinschaftsbildung von Muslimen, Hindus oder anderen Gruppen [...](verstanden), deren Struktur schließlich zu blutigen Zusammenstößen führt." [5]

Anzeichen für kommunale Unruhen gibt es bereits seit dem 18. Jhd, bilden aber bis zum 20. Jhd keine regelmäßige Charakteristik des Lebens in Indien. In den 80er und 90er Jahren wurde die indische Politik von politischer Mobilisierung über Religion dominiert. 1983 führten politische und ökonomische Konflikte zu einem großen Ausmaß kommunaler Konflikte in Assam, die bis heute andauern. 1984 eskalierten die Konflikte als die Regierung entschied den Tempel in Amritsar zu stürmen um militante Sikhs zu entfernen. Dies führte zur Ermordung Mahatma Gandhis und löste ein massives Pogrom in Delhi aus, das zum Tod von 25000 Menschen führte. Erst Anfang der 90er konnten die Aufstände durch eine Kombination aus politischer, polizeilicher und militärischer Initiative beendet werden. Mitte der 80er wurde das Problem des Verhältnisses zwischen Hindu Mehrheit und Moslem

[3] http://www.bpb.de/themen/88IOXS,0,Kampfansage_an_die_Demokratie.html
[4] Hansen, Thomas Bloom: The Saffron Wave. Democracy and Hindu Nationalism in modern India. Oxford University Press. New Delhi 1999. S. 5
[5] http://www.ems-online.org/440.html

Minderheit wieder behandelt. 1992 fanden die Auseinandersetzungen ihren Höhepunkt in den Ausschreitungen um die Moschee in Ayodhya. 1998 wurde eine neue Diskussion über die Säkularisierung begonnen. Im Mai 2004 gewann der Kongress unerwartet die Lok Sabha Wahlen, die BJP gewann jedoch den höheren Teil der öffentlichen Stimmen. Im Zeitraum von 1950-95 betrug die Zahl der Opfer (Tote und Verletzte) bei Aufständen zwischen Hindus und Muslimen 40 000. [6] Zudem verursachen sie auch einen hohen ökonomischen Schaden und verschlechtern die Beziehungen ins Ausland, speziell zu Pakistan und Bangladesh und wirken sich negativ auf die soziale Anpassung aus.

Die Beteiligten an den Aufständen sind meist schwer zu ermitteln. Es gibt kaum Auskünfte über deren sozialen Status. Zu den beteiligten Organisationen sind auf Seite der Hindus in erster Linie die RSS und Jana Sangh zu nennen und auf muslimischer Seite die Majlis Tamir-e-Millar, Muslim Majlis und Indian Union Muslim League.

Gründe für kommunale Gewalt und Einfluss auf die Politik

Kommunale Gewalt gipfelt meist in kommunalen Aufständen in Form von u.a. Gewaltakten einzelner Personen, Massenstechereien, Plünderungen und Brandschatzungen. Diese Aufruhre sind zwar verhältnismäßig selten aber doch sehr bedeutend für das Leben in Indien. Die Gründe für Ausschreitungen sind verschieden und reichen von Machtansprüchen, über interethnische ökonomische Rivalität, dem Problem der Rassenkonflikte und damit verbunden der Struktur des gesellschaftlichen Lebens in einer multinationalen Gesellschaft und sind auf lokaler sowie auch auf Länder- und Staatsebene zu finden.

Meist ist kommunale Gewalt auf lokaler Ebene ein alltägliches Phänomen das aus den verschiedenen Problemen des Zusammenlebens in einer pluralistischen Gesellschaft entsteht und immer zu einer gemeinschaftlichen Angelegenheit erhoben wird. Gopal Krishna sieht als Hauptgründe hier zum Beispiel: Aktivitäten kommunaler Organisationen und Parteien, religiöse Dispute zum Beispiel über Kuhschlachtungen, religiöse Feste, Entweihung

---

[6] Wilkinson, Steven I. (Hg.): Critical Issues in Indian Politics. Religious Politics and Communal Violence. Oxford University Press. India 2005. S. 4

4

religiöser Plätze und Auseinandersetzungen über Grabmäler. Des weiteren Streit über persönliches Eigentum, Frauen und private Feindseligkeiten. [7]

Es existiert ein Zusammenhang zwischen der Struktur des gesellschaftlichen Lebens in einer multiethnischen Gesellschaft und der An- oder Abwesenheit von Gewalt. In einem pluralistischen Staat wie Indien ist ein gewisses ziviles und besonders interkulturelles Engagement der Mitglieder nötig um Gewalt zu beschränken. Dieses zivile Engagement kann verbindend, also in organisierter Form oder alltäglich, zum Beispiel in Form von Vereinen sein. Die Abwesenheit oder Schwäche interethnischer Zusammenarbeit liefert Raum für Vorurteile und Gewalt. So können zum Beispiel Nachbarschaftsorganisationen auf lokaler Ebene durch Kommunikation für Frieden sorgen. (Wie bereits erwähnt ist kommunal in Bezug auf Indien ein anderer Begriff für ethnisch und nur linguistisch und rassisch zu sehen.[8]) Das Engagement betreffend wird zwischen Intraethnischem und Interethnischem Engagement unterschieden, wobei letzteres meist zu positiven Ergebnissen führt und eine reine Fokussierung auf die eigene Religion und Kultur meist nur zu noch mehr Konflikten führt. Auch wenn keine gesetzmäßigen Verallgemeinerungen über ethnische Gewalt möglich sind, führen der interkulturelle Dialog und die Zusammenarbeit jedoch zumeist zu Frieden.

Als ein weiterer Grund für kommunale Auseinandersetzungen und daraus resultierende Gewaltakte wird die interethnische ökonomische Rivalität genannt. So herrscht zum Beispiel seit der Unabhängigkeit ein ökonomischer Wettbewerb bzw. Konkurrenzkampf zwischen muslimischen Handwerkern die Arbeitsteilung wollen und Hindu-Kaufleuten. Zudem gehören hierzu noch von städtischen Mafias geschürte Aufstände um im Wert steigenden städtischen Grundbesitz von Muslimen.[9] In beiden Fällen werden jedoch meist nur bereits bestehende Ausschreitungen und Konflikte für eigene Interessen genutzt. Es gibt keine Hinweise auf Vorgeplante Ausschreitungen. Ökonomische Rivalitäten sind kaum eine eigenständige Ursache für kommunale Gewalt sondern nur ein begünstigender Faktor.

---

[7] Gopal Krishna: Communal Violence in India. In: Wilkinson, Steven I. (Hg.): Critical Issues in Indian Politics. Religious Politics and Communal Violence. Oxford University Press. India 2005. S.161 ff
[8] Varshney, Ashoutosh: Ethnic Conflict and Civil Society. India and Beyond. In: Wilkinson, Steven I. (Hg.): Critical Issues in Indian Politics. Religious Politics and Communal Violence. Oxford University Press. India 2005. S. 185 ff
[9] Wilkinson, S. 9/10

Einfluss der Religion auf Politik

Die Unabhängigkeit Indiens führte zu einer großen Kluft in der Geschichte der kommunalen Gewalt. Die Zahl der Ausschreitungen und Todesopfer stieg rapide an. Seit 1992 dominierte die Ayodhya Problematik die Politik Indiens und verhalf der hindunationalistischen Partei BJP zu großem Erfolg und einer Machtposition in der Regierung. Die BJP, zusammen mit der VHP und RSS, verfolgt das Ziel des Hindu-Staates und ist für zahlreiche Hindu-Moslem Ausschreitungen, unter anderem auch in Gujarat, verantwortlich.

Der hohe Einfluss von Religion auf Politik hat verschiedene Gründe. Zum einen vertreten Politiker zumeist in erster Linie ihre eigenen religiösen Interessen. Dies ist besonders in einem so stark religiös geprägtem Staat wie Indien hervorzuheben. So zum Beispiel begründet BJP Führerin Uma Bharati ihre Politik mit hindureligiösen Regeln. [10]

Des Weiteren haben Staaten meist klare einheitliche Vorteile für religiös motivierte Personen gegenüber anderen Motivationen, wie zum Beispiel ökonomischer oder kultureller Natur. Die Behinderung religiöser Mobilisierung birgt die Gefahr diese zu beleidigen, weshalb der Staat meist eher abgeneigt ist solche u behindern als nicht religiöse. Auch werden diese meist auch vor dem Gesetz bevorteilt oder ganz ausgenommen, zum Beispiel was das Tragen von Waffen angeht.[11] Auch hat der Staat die Politik einige Male abseits der säkularen Bahnen gelenkt indem religiösen Minderheiten politische Vertretungen garantiert wurden.

Ein weiterer Grund ist, das relig Stätten, Symbole und Gemeinden seit je her einen natürlichen und weit geteilten Brennpunkt bilden. Dieser kann übernommen und es muss nichts Neues gebildet werden.

Ein letzter Vorteil ist, das Politiker durch ethnische Anziehung einen weit größeren Teil der Bevölkerung erreichen wenn nicht sogar fast Alle. Im Gegensatz dazu schließen zum Beispiel ökonomische oder kastenorientierte Anreize große Teile der Bevölkerung von vornherein aus.

Ein wichtiger Punkt sind die politischen Anreize für Ausschreitungen auf Länderebene. Die Regierung entscheidet ob, wann und wie früh eingegriffen und was zur Verhinderung

---

[10] Wilkinson, Steven I. (Hg.): Critical Issues in Indian Politics. Religious Politics and Communal Violence. Oxford University Press. India 2005. S. 4
[11] Wilkinson, S. 6

beigetragen wird. Die Resonanz von Seiten des Staates hat somit eine kritische Wichtigkeit und ist meist abhängig von staatlichen Neigungen. Die Regierung hat die primäre Autorität über Recht und Gesetz, somit sind der Verlauf und das Ergebnis kommunaler Ausschreitungen zumeist abhängig von der Voreingenommenheit und Unentschlossenheit dieser. Die Staatspolizei unternimmt ohne klare Anweisungen keine Schritte zur Vorbeugung oder frühzeitigem Einschreiten. So ist es zum Beispiel allen dienstältesten Offizieren gestattet Schritte gegen die Ausschreitungen einzuleiten, diese trauen sich jedoch fast nie ohne die Zustimmung von Oben. [12]

Die Gründe für das Einschreiten oder Unterlassen basieren größtenteils auf den Wahlneigungen auf Länderebene. Wenn eine Partei auf Minderheitenstimmen angewiesen ist, beschützt sie diese auch vor Gewalt und kommunaler Polarisierung. Wenn die Wählerschaft nur einer kommunalen Gemeinde zugehört findet keine Minderheitenunterstützung statt. Minderheiten sind dann wichtig für Parteien wenn entweder ihre Unterstützung zum eigenen politischen Programm gehört, oder wenn eine Konkurrenz zwischen mehreren Parteien stattfindet beziehungsweise eine Partei auf die Koalition einer von Minderheiten unterstützten Partei angewiesen ist. [13]

Seit der Unabhängigkeit gibt es in Indien ein universelles Stimmrecht, eine gemeinschaftliche Wählerschaft, d.h. nicht mehr nur von einer ethnischen Gemeinschaft, sowie eine hohe Mobilität in den Kasten. Dies führt zu einer höheren Attraktivität der Minderheiten und gesteigertem interkulturellem Engagement in der Politik. Eine hohe Wahlkampfrate bedeutet somit einen hohen Minderheitenschutz.

So machen die Muslime in 197 von 545 Wahlkreisen mehr als 20% der Wähler aus. Da in Indien, bedingt durch das Mehrheitswahlrecht, 30 % schon zum Wahlsieg führen können, sind die Stimmen der Moslems in vielen Bezirken wichtig für die Parteien. [14] Je höher somit die Zahl der Moslems in einem Wahlbezirk ist, desto höher ist auch der Einsatz der Parteien bzw. Regierung zu deren Schutz vor Gewalt und Ausschreitungen. Die Zahl der gewalttätigen Ausschreitungen steigt vor Wahlen meist stark an. Das Verhalten der Parteien gegenüber diesen Aufständen übt einen großen Einfluss auf die Wahlen aus.

---

[12] Wilkinson, S. 14
[13] Wilkinson, S. 16
[14] Varshney, Ashoutosh: Ethnic Conflict and Civil Society. India and Beyond. In: Wilkinson, Steven I. (Hg.): Critical Issues in Indian Politics. Religious Politics and Communal Violence. Oxford University Press. India 2005. S. 191

Der Schutz der Moslems vor Gewalt behindert jedoch auch die Kommunikation beziehungsweise das Entgegenkommen zwischen Moslems und Hindus. Durch den gewonnen Schutz müssen sich die Moslems nicht auf die Hindus einlassen. Das und die Beschwichtigungspolitik gegenüber den Moslems führt jedoch wieder zu kommunalen Ausschreitungen und Gewalt.[15]

Resümee

Trotz der Auseinandersetzung und der vorherrschenden Gewalt ist Indien eine intakte und gut funktionierende Demokratie. Der Kommunalismus und besonders der Hindunationalismus stellen jedoch eine stetig präsente Bedrohung dar, nicht nur für die Demokratie, sondern auch für das Ansehen Indiens auf internationaler Ebene und für die Beziehungen zu den direkten Nachbarstaaten. Die Differenzen und Machtansprüche in der Bevölkerung bestehen seit langer Zeit und sitzen tief in den Gedanken der Menschen. Kommunale Gewalt ist auf der einen Seite ein Zeichen von Frustration und auf der anderen ein Instrument der Gewalt. Die Dekommunalisierung der Politik ist eine wichtige Aufgabe, die Zukunft der Nation hängt von der Behandlung des Problems in den kommenden Jahren ab. Die Engstirnigkeit des Hindunationalismus muss überwunden werden. Die Menschen müssen lernen auf kommunaler Ebene Unterschiede und Probleme zu bewältigen und den Dialog suchen. Moslems und Hindus sollten partizipieren in gemeinsamen Zielen wie zum Beispiel Verbesserung von Hygiene und Wohnsituation. Gemeinsames Engagement bestimmt die Zukunft des Vielvölkerstaates.

---

[15] Varshney, Ashoutosh: Ethnic Conflict and Civil Society. India and Beyond. In: Wilkinson, Steven I. (Hg.): Critical Issues in Indian Politics. Religious Politics and Communal Violence. Oxford University Press. India 2005. S. 192 ff

Quellen

Census of India 2001, http://www.censusindia.gov.in/

http://www.ems-online.org/440.html

http://www.bpb.de/themen/88IOXS,0,Kampfansage_an_die_Demokratie.html

Hansen, Thomas Bloom: The Saffron Wave. Democracy and Hindu Nationalism in modern India. Oxford University Press. New Delhi 1999

Gopal Krishna: Communal Violence in India. In: Wilkinson, Steven I. (Hg.): Critical Issues in Indian Politics. Religious Politics and Communal Violence. Oxford University Press. New Delhi 2005

Wilkinson, Steven I. (Hg.): Critical Issues in Indian Politics. Religious Politics and Communal Violence. Oxford University Press. India 2005

Varshney, Ashoutosh: Ethnic Conflict and Civil Society. India and Beyond. In: Wilkinson, Steven I. (Hg.): Critical Issues in Indian Politics. Religious Politics and Communal Violence. Oxford University Press. India 2005